기도 – 보이지 않는 적과의 싸움

네비게이토 선교회는
국제적이며 복음적인 기독교 기관이다.
예수 그리스도께서는 자기를 따르는 자들에게
"너희는 가서 모든 족속으로 제자를 삼으라"
(마태복음 28:19)는 지상사명을 주셨다.
네비게이토 선교회는 세계 모든 국가에서
예수 그리스도의 일꾼들을 배가시켜
이 지상사명의 성취를 돕는 것을
근본 목표로 하고 있다.

네비게이토 출판사는
네비게이토 선교회의 문서 선교를 담당하고 있다.
본 출판사에서는 그리스도인의 영적 성장을 돕는
서적과 자료들을 출판하여,
그리스도인의 삶의 기초가 견고한
헌신된 제자로 성장하게 하고,
나아가 성숙한 인격과 지도력을 갖춘
일꾼이 되도록 돕고 있다.

기 도
보이지 않는 적과의 싸움

제리 브릿지즈

TO KNOW CHRIST AND TO MAKE HIM KNOWN

차 례

1. 서론 ················· 7
2. 진정한 전쟁터 ················· 11
3. 적을 알라 ················· 17
4. 올바른 무기를 사용하라 ················· 25
5. 싸움의 성격 ················· 31
6. 올바른 목표를 집중 공격하라 ················· 35
7. 적용 ················· 41

기도는,
이미 패배는 하였으나
아직도 힘이 있는
적과의 전쟁입니다.
그러므로
우리의 기도 생활이
눈앞에 보이는 즉각적이고
'다급한' 필요를 구하는
수준에만 머물러 있다면,
우리는
하나님의 궁극적인 관심사인
이 전쟁에서
패할 위험이
큰 것입니다.

서론

너희가
바람도 보지 못하고
비도 보지 못하되,
이 골짜기에
물이 가득하여
너희와 너희 육축과
짐승이 마시리라.

이스라엘 민족의 역사를 기록한 열왕기에 보면, 우리 그리스도인들이 자칫 잘못하면 취하기 쉬운 행동이 생생하게 나타나 있습니다.

열왕기하 3장에는 이스라엘 왕 여호람이 모압 왕과 전쟁한 내용이 기록되어 있습니다. 여호람은 전쟁을 위하여 하나님의 도우심과 인도하심을 구하지 않았습니다. 여호람은 모압을 치기로 결정한 다음, 유다 왕 여호사밧과 동맹을 맺었습니다. 여호사밧 역시 하나님께 기도해 보지도 않고 여호람의 요청에 응하였습니다. 여호람은 에돔 왕에게도 도움을 청하여, 이 세 왕은 군대를 이끌고 모압을 치러 나갔습니다.

그런데 도중에 한 가지 문제가 발생했습니다. 그들은 에돔 광야 길을 따라 진격하였는데, 행군 7일 만에 광야 한가운데서 식수가 떨어진 것입니다. 갑자기 그들은 하나님의 도우심을 필요로 하게 되었고, 그래서 기도를 하게 되었습니다. 그들이 직면하고 있던 **다급한 필요**가 그들의 기도의 초점이었습니다.

군사와 동물을 먹일 물이 그 왕들에게는 가장 중요

한 문제였습니다. 그러나 그들은 물을 마시기 위해 광야에 나온 것이 아니라, 전쟁을 하기 위해 나와 있었습니다. 하나님께서 그들의 기도에 어떻게 응답하셨는지 주목하십시오. 엘리사는 세 왕에게 이렇게 말했습니다. "여호와께서 이르시기를, '너희가 바람도 보지 못하고 비도 보지 못하되, 이 골짜기에 물이 가득하여 너희와 너희 육축과 짐승이 마시리라' 하셨나이다. 이것은 여호와 보시기에 오히려 작은 일이라. 여호와께서 모압 사람도 당신의 손에 붙이시리니"(17-18절). 하나님께서는 목표를 잊지 않으셨습니다. 목표란 곧 모압과의 전쟁에서 이기는 것입니다. 그러나 세 왕은 그들이 당면한 필요에 급급하였기 때문에 그들이 광야에 나온 목적을 잊었던 것입니다.

진정한 전쟁터

우리 그리스도인들의
기도 생활은
자칫하면
식수 부족과 같은
영역에 머물기가 쉽습니다.

우리 그리스도인들의 기도 생활은 자칫하면 식수 부족과 같은 영역에 머물기가 쉽습니다. 실제로 그런 경향이 있는 것도 사실입니다. 우리는 진정한 영적 전쟁과 같은 영역에 대해서는 기도하는 경우가 극히 드뭅니다. 특별한 기도 모임이 아닌 일반적인 기도 모임에 참석해 보면, 간구 내용 중 약 75% 정도가 다급한 필요를 위한 기도입니다. 예를 들면, "톰이 지금 목이 아픈데 낫게 하여 주십시오"와 같이 기도하는 것입니다. 물론, 톰의 아픈 목은 나아야 합니다. 우리는 마땅히 그것을 위해 기도해야 합니다. 그러나 우리는 영적 전쟁터로 나아가는 기도는 하지 않는 것 같습니다. 예를 들어, "하나님, 톰이 직장에서 주위 사람들에게 담대히 주님의 복음을 전하게 하여 주십시오"와 같은 기도가 필요한 것입니다. 대개의 그리스도인들이 자신의 교회에서 기도를 받을 수 있는 유일한 길이 무엇인지 아십니까? 병원에 입원하거나 일자리를 잃을 때입니다.

어느 해 추수 감사절 기간에 나는 로스앤젤레스 근

교의 패서디나에서 열리는, 어느 선교 단체의 수양회에서 말씀을 전하기 위해 로스앤젤레스행 비행기를 탔습니다. 나의 목표는 수양회에 참석하는 젊은 학생들과 군인들의 마음속에 비전을 심어 주어 추수할 일꾼들을 불러 일으키는 것이었습니다. 그런데 공항에 도착해 보니 마중하러 나온 사람이 아무도 없었습니다.

출입구에서 약 45분 정도 서성거리다가 수양회 장소로 전화를 했더니 아무도 전화를 받지 않았습니다. 수양회 장소를 찾아가는 방법을 알아보려고 콜로라도스프링스에 있는 내 사무실로 장거리 전화를 했는데, 그곳 역시 아무도 전화를 받지 않았습니다. 그제야 나는 그날이 추수 감사절 다음 금요일이기 때문에 사무실이 비어 있다는 사실을 기억하였습니다. 나는 수양회 장소를 몰랐기 때문에 공항에서 오도 가도 못하고 있었습니다.

바로 그때 나는 기도로 주님의 도우심을 청할 수밖에 없었습니다. "주님, 공항에 저를 마중 나온 사람이 있으면 만나게 해주십시오." 기도가 응답되리라는 믿음이 별로 없었기 때문에 나는 패서디나로 가는 버스를 타려고 막 문을 나서는데 어딘가 낯익은 듯한 사람이 들어오는 것이었습니다. 그 사람은 나를 찾고 있었습니다.

정말 곧바로 기도가 응답되었습니다. 그러나 잠시 후 나는 스스로 이런 질문을 했습니다. '나는 나를 마중하러 공항에 나온 사람을 만날 수 있도록 기도한 만큼 지금 말씀을 전하러 가는 그 선교 단체를 위해 기도했던가?' 나는 광야에서 물이 없어 궁지에 빠져 있던 여호람이나 여호사밧과 다를 바가 없었습니다. 내가 그 공항에 와 있던 진정한 이유는 공항에 마중 나온 사람을 만나는 데 있었던 게 아니고, 추수할 일꾼들을 불러 일으키기 위해서였습니다. 예수님께서는 우리에게 추수하는 주인에게 청하여 "추수할 일꾼들을 보내어 주소서" 하고 기도하라고 하셨습니다(마태복음 9:38). 그것이 바로 우리가 진짜로 싸워야 하는 참된 전쟁입니다.

우리는 세 가지 군사 용어를 빌어 여러 기도 유형을

설명할 수가 있습니다. 전략, 전술, 병참이 그것입니다. **전략**이란 말은 전쟁의 궁극 목표인 적을 무찌르고 항복시킬 전반적인 계획과 관계가 있습니다. **전술**이란 말은 궁극 목표를 성취하기 위해 꼭 필요한 구체적인 전투와 연관이 있습니다. **병참**이란 간단히 말하면 전투를 하고 있는 군대의 물질적 필요를 공급하는 것입니다.

나는 우리의 기도 중 75-80%가 병참상의 문제를 위한 것이라는 생각이 듭니다. 광야에서 물을 구한 것이라든지, 공항에서 마중 나온 사람을 만나도록 기도한 것이라든지, 병원에 입원한 사람 또는 일자리를 잃은 사람을 위해 기도하는 것이라든지, 이것들이 모두 다 여기에 해당됩니다. 물론 이 모든 것들은 중요하며, 우리가 마땅히 기도해야 될 내용들입니다. 그러나 문제는 우리의 기도 내용이 거의 다 이와 같은 '병참적 기도'라는 데 있습니다.

우리의 기도 중 15-20%가 적과의 구체적인 전투와 관련된 '전술적 기도'라고 생각됩니다. 예를 들면, 내가 말씀을 전하는 그 수양회가 영적으로 풍성한 결과를 거둘 수 있도록 기도하는 것입니다. 그러나 그 수양회는 단지 하나의 구체적인 전투일 뿐이며, 어디까지나 전반적인 목표는 일꾼을 불러 일으키는 것이었습니다.

우리의 기도 가운데 궁극적인 목표에 초점을 맞춘 '전략적 기도'는 거의 없는 실정입니다. 참으로 하나님께서는 이 궁극적인 목표에 관심을 가지고 계십니다. 우리는 기도할 때 영적 전쟁에 참여하고 있다는 사실을 기억해야 할 필요가 있습니다. 우리는, 이미 패배하였지만 아직도 힘이 있는, 보이지 않는 적인 사탄과의 전쟁을 하고 있는 것입니다.

이 전쟁에서 이기려면 네 가지 요건이 구비되어야 합니다. 첫째 적을 아는 것이요, 둘째 무기의 사용법을 완전히 익히는 것이요, 셋째 싸움의 성격을 아는 것이며, 넷째 올바른 공격 목표를 정하고 집중 공격하는 것입니다.

적을 알라

우리의 싸움은
"혈과 육에
대한 것이 아니요
정사와 권세와
이 어두움의
세상 주관자들과
하늘에 있는
악의 영들에게
대함이라."

에베소서 6:12에서, 사도 바울은 우리의 싸움은 "혈과 육에 대한 것이 아니요 정사와 권세와 이 어두움의 세상 주관자들과 하늘에 있는 악의 영들에게 대함이라"고 말합니다. 우리의 전쟁은 사탄과 그의 모든 악한 영들에 대한 것입니다.

사탄과 싸우기 위해서는 사탄을 알아야 합니다. 신약성경은 사탄에 대하여 우리에게 네 가지 사실을 말해 줍니다.

첫째, 사탄은 악한 영들을 거느리고 있으며, 모든 구원받지 못한 자들이 갇혀 있는 왕국의 지배자입니다. 바울은 에베소의 성도들에게 "여러분도 전에는 허물과 죄로 죽었던 사람들입니다"(에베소서 2:1 참조)라고 하였는데 우리 역시 마찬가지인 것입니다. "세상 사람들과 마찬가지로 세속적인 풍조에 젖어 살았고 마음에는 죄악만이 가득 찼습니다. 공중을 다스리는 세력자인 사단에게 붙잡혀 그가 시키는 대로 따라 할 뿐이었습니다. 이 사단은 지금도 주님을 대항하는 자들의 마음속에서 활동하고 있습니다"(에베소서 2:2, 현대어

성경). 우리는 한때 사탄의 왕국에서 그의 지배 아래 있었기 때문에 그를 따랐던 것입니다. 하나님께서 바울을 구원받지 못한 자들, 곧 이방인들에게로 보내신 것은 저들을 "어두움에서 빛으로, 사단의 권세에서 하나님께로 돌아가게"(사도행전 26:18) 하기 위함이었습니다.

둘째, 사탄은 구원받지 못한 자들을 그의 지배 아래 붙잡아 두고 있을 뿐 아니라, 그들의 생각을 어둡게 하여 그리스도의 영광스러운 복음의 빛을 보지 못하게 합니다(고린도후서 4:4 참조). 종종 우리의 전도가 불신자들에게 쇠귀에 경 읽기 식이 되는 이유가 바로 여기에 있습니다. 그들의 귀에는 우리의 말이 외국어처럼 들려서 도무지 이해할 수 없는 것입니다.

우리는 다른 사람들에게 복음을 증거함으로써 사탄의 왕국에 공격을 개시하게 됩니다. 우리 자신의 힘으로는 이 싸움에서 승리할 수 없습니다. 우리가 증거하는 복음을 듣는 상대방은 사탄의 지배 아래 있기 때문입니다. 예수님께서는 우리가 먼저 강한 자를 결박하지 않고는 그 강한 자의 집에 들어가 그 재산을 빼앗아 갈 수 없다고 말씀하셨습니다(마태복음 12:29). 그 강한 자는 곧 사탄이며, 우리는 기도를 통하여 그를 결박합니다. 믿지 않는 자들에게 복음을 전하기 전에 우리가 먼저 반드시 **기도**를 하고 영적 전쟁에 임하는 이유가 바로 여기에 있습니다.

성경이 사탄에 대하여 말해 주는 세 번째 사실은, 사탄은 사탄의 지배로부터 해방되어 하나님 나라의 시민이 된 신자들을 대적한다는 것입니다. 베드로전서 5:8 말씀을 보면, 사탄은 우는 사자같이 두루 다니며 삼킬 자를 찾고 있다고 했습니다. 울부짖는 사자는 곧 사탄의 잔인성을 상징합니다.

그러나 사탄은 우리 그리스도인들을 파멸시키려고 공격을 가해 올 때 '광명[빛]의 천사'(고린도후서 11:14 참조)로 가장합니다. 성경에서 광명[빛]은 진리와 도덕적 순결을 의미합니다. 사탄은 우리로 하여금 그의 거짓 교훈을 진리로 믿게 하려고 모든 노력을 기울인다는 것입니다. 사탄은 광야에서 예수님을 시험할 때에

도 성경 말씀을 인용하였는데, 여기에서도 사탄은 진리를 왜곡하고 있는 것을 봅니다.

사탄은 아주 감쪽같이 자기를 가장하여 신자들을 사로잡아 자기 뜻을 좇게 합니다(디모데후서 2:25-26 참조). 여기서 사탄에게 사로잡혀 있다는 것은 귀신들렸다는 의미가 아닙니다. 이것은 우리의 마음이 거짓 교훈이나 일상적인 하찮은 문제에 쏠려 있다든지, 유혹과 실망 가운데 있다든지, 하나님의 말씀의 진리에 대하여 의심하고 있다든지 하는 것을 말합니다.

나는 격렬한 영적 전쟁 중에 겪었던 한 사건을 지금도 생생히 기억하고 있습니다. 사탄은 내 마음속에 '그건 사실이 아니야. 그렇지?' 하는 생각을 자꾸만 불러일으켰고, 나는 이를 극복하기 위해 성경에서 구체적인 약속의 말씀을 찾고 있었습니다. '그건 사실이 아니야'라고 하는 사탄의 음성이 마치 내 귀에 쟁쟁하게 들리는 듯했습니다. 사탄은 거짓 교훈으로 내 마음을 공격함으로써 나를 사로잡아 자기 뜻을 좇게 하려고 했습니다.

우리는 수천 년의 전투 경험을 가진 적과 싸우고 있습니다. 사탄은 에덴동산에서 하와를 공격한 이래 계속 하나님의 백성들을 공격해 왔습니다. 사탄은 자신의 전략에 정통하고 있으며, 사탄의 전략은 병참술에 국한되어 있지 않습니다. 사탄은 다양한 전략과 전술을 이용하여 다양한 공격을 시도합니다.

그러나 성경이 사탄에 대하여 우리에게 제시해 주고 있는 네 번째 사실이 있는데, 사실 이것은 가장 중요한 내용이기도 합니다. 곧, 사탄은 이미 패배한 적이라는 것입니다. 예수 그리스도께서는 십자가로 말미암아 모든 정사와 권세를 이기사 그들을 무장 해제시키고 만천하에 공개적으로 폭로하여 구경거리로 삼으셨습니다(골로새서 2:15 참조). 사탄은 십자가 위에서 예수 그리스도에게 치욕스런 패배를 당한 것입니다. 야고보가 우리에게 "마귀를 대적하라. 그리하면 너희를 피하리라"(야고보서 4:7)고 말한 이유도 바로 여기에 있습니다. 사탄은 지금 우리 그리스도인들을 대항하여 게릴라전을 펴고 있습니다. 그러나 우리는 예수 그리스도로 말미암아, 매일같이 벌어지고 있는 이 전투에서 사탄을 패배시킬 수 있습니다.

올바른 무기를 사용하라

우리의
싸우는 병기는
육체에 속한
것이 아니요
오직
하나님 앞에서
견고한 진을
파하는
강력이라.

고린도후서 10:3-5에서, 바울은 우리가 사탄과의 싸움에서 어떤 무기를 사용해야 하는지 그 실마리를 제공합니다.

우리가 육체에 있어 행하나 육체대로 싸우지 아니하노니, 우리의 싸우는 병기는 육체에 속한 것이 아니요 오직 하나님 앞에서 견고한 진을 파하는 강력이라. 모든 이론을 파하며 하나님 아는 것을 대적하여 높아진 것을 다 파하고, 모든 생각을 사로잡아 그리스도에게 복종케 하니.

현재 우리의 싸움은 사람들의 영혼과 마음을 두고 벌이는 전쟁입니다. 우리의 무기는 육체에 속한 것이 아니며, 인간의 논리와 명철에서 나온 것도 아닙니다. 이 무기는 하나님께 속한 것입니다.

우리의 싸움의 목표가 인간의 마음일진대, 우리는 어떤 무기를 사용해야 합니까? 바로 진리의 말씀입니다. 사탄은 빛의 천사로 가장하여(고린도후서 11:14) 자신의 말이 진리라고 속삭이지만, 우리는 참진리인 하나님의 말씀을 가지고 사탄과 싸웁니다.

바울은 에베소서 6장에서, 하나님의 전신갑주를 입으라고 말합니다(10-20절). 하나님의 무기로 완전무장하라는 것입니다. 마귀의 궤계를 능히 대적하기 위해서입니다. 갑주의 목록에서, 허리띠, 흉배, 신, 방패, 투구 등은 우선적으로 방어용입니다.

그런데 17절에서 바울은 "성령의 검 곧 하나님의 말씀을 가지라"고 말합니다. 성령의 검 곧 하나님의 말씀은 공격 무기입니다. '하나님의 말씀'이라 번역된 헬라어에는 두 가지가 있는데, 하나는 일반적인 성경 말씀을 가리키는 로고스라는 단어요, 또 하나는 구체적인 성경 말씀을 뜻하는 단어입니다. 17절에서는 구체적인 하나님의 말씀을 가리키고 있습니다. 곧, 각각의 전투에 직접 영향을 미칠 각각의 성경 말씀을 말합니다. 예수님께서 광야에서 시험을 받으실 때 구체적인 성경 말씀을 가지고 사탄에게 대답하셨던 것처럼, 우리도 각각의 상황에 알맞은 구체적인 성경 말씀으로 사탄을 대항해야 합니다.

적과의 전투에서 우리의 첫째 무기는 진리의 말씀입니다. 에베소서 6:18에서 바울은 우리에게 두 번째 무기를 제시합니다. "모든 기도와 간구로 하되 무시로 성령 안에서 기도하고, 이를 위하여 깨어 구하기를 항상 힘쓰며 여러 성도를 위하여 구하고." 둘째 무기는 **기도**입니다. 잃어버린 영혼에게 전도를 하는 일에나, 신자들을 제자로 삼는 일에나, 곁길로 빠진 형제나 자매를 올바른 길로 회복시키는 일에나 우리가 사용해야 할 무기는 언제나 동일합니다. 곧, 성령 안에서의 기도가 수반된 진리의 말씀이 우리가 가지고 싸워야 할 무기입니다. 인간의 마음을 열며 인간을 사탄의 손아귀에서 해방시키기 위해서는 성령의 도우심이 필요합니다.

인간의 영혼을 얻기 위한 이 영적 싸움에서의 승리는, 단지 사람들을 만나 전도한다든지 제자삼는 일을 한다든지 함으로써 얻어지는 것이 아닙니다. 진실로 그런 일에 뛰어들기 전에 먼저 하나님 앞에 기도함으로써 얻어지는 것입니다. 물론, 우리의 행동이 필수적으로 따라야 하지만, 먼저 기도로써 길을 닦아 놓지 않고 사탄과 대항하여 싸우는 것은 쓸데없는 일입니다.

싸움의 성격

이 무기들을
성공적으로
사용하기 위해서는
현재 우리가 하고 있는
전쟁의 성격을
올바로 이해해야 할
필요가 있습니다.

우리는 보이지 않는 힘센 적과 싸우고 있습니다. 그리고 우리의 무기는 말씀과 기도입니다. 그런데 이 무기들을 성공적으로 사용하기 위해서는 현재 우리가 하고 있는 전쟁의 성격을 올바로 이해해야 할 필요가 있습니다.

바울은 여러 번이나 '분투하다' 또는 '애쓰다'라는 의미의 단어를 기도와 관련하여 사용합니다. 이 동일한 단어가 디모데전서 6:12에서는 '싸우다'로 번역되어 있습니다. "믿음의 선한 싸움을 싸우라." 바울은 골로새서 1:28-29에서도 이 단어를 사용합니다. "우리가 그를 전파하여 각 사람을 권하고 모든 지혜로 각 사람을 가르침은 각 사람을 그리스도 안에서 완전한 자로 세우려 함이니, 이를 위하여 나도 내 속에서 능력으로 역사하시는 이의 역사를 따라 **힘을 다하여** 수고하노라." 여기에서 바울은 우리의 첫째 무기인 진리의 말씀에 대해 말하고 있습니다. 그런데 골로새서 2:1에서는 계속하여 "내가 너희와 라오디게아에 있는 자들과 무릇 내 육신의 얼굴을 보지 못한 자들을 위하여 어떻게 **힘쓰는** 것을 너희가 알기를 원하노니"라고 말합니다. 이것은 기도와 연관된 것입니다. 즉, 바울은 1:29에서는 "나는 말씀의 사역에 애쓰고 있습니다"라고 말하는 것이며, 2:1에서는 "나는 기도의 사역에 힘쓰고 있습니다"라고 말하는 것입니다. 둘 다 격렬한 싸움을 가리킵니다. 바울은 병든 자들과 일자리가 없는 자들을 위하여 기도하는 정도가 아니라, 치열한 전투를 벌이듯 기도하고 있었습니다.

골로새서 4:12에서, 바울은 이와 동일한 싸움을 한 에바브라를 칭찬합니다. "그리스도 예수의 종인 너희에게서 온 에바브라가 너희에게 문안하니, 저가 항상 너희를 위하여 애써 기도하여 너희로 하나님의 모든 뜻 가운데서 완전하고 확신 있게 서기를 구하나니." 에바브라는 이 전쟁에 대한 식견을 가지고 있었습니다. 그는 골로새의 성도들이 그리스도 안에서 성장하여 하나님의 뜻 가운데 완전히 굳게 서기를 원했습니다. 그는 그들의 다급한 병참적 필요에만 관심을 기울인 것이 아니라, 그들의 영적인 삶에 관심을 기울였습니다.

그리고 그는 기도로 전쟁을 하였습니다.

당신은 영적 전쟁을 하고 있습니까? 당신은 최근 애써 기도한 적이 있습니까? 그렇지 않으면, 당신은 아직도 물질적인 것들에 마음이 사로잡혀 있습니까? 진정한 싸움과 진정한 적을 보지 못하고 물을 구했던 여호람처럼 말입니다.

올바른 목표를 집중 공격하라

사람들.
하나님의 목표는
바로
사람들입니다.

일단 우리가 올바른 무기로 자신을 무장하고 싸움이 치열할 것에 대비해 마음에 만반의 준비를 갖추고 적을 맞이했다 해도, 이 영적 전쟁에 있어서 하나님의 궁극 목표를 보지 못함으로써 우리의 승리가 위태로워질 가능성이 있습니다.

하나님의 목표는 무엇입니까? "하나님이 세상을 이처럼 사랑하사"(요한복음 3:16). 하나님께서는 사람들을 극진히 사랑하셨기 때문에 자기의 외아들을 주셨습니다. 하나님의 아들 예수 그리스도께서 그들을 위해 죽으신 것입니다. **사람들**. 하나님의 목표는 바로 사람들입니다. 공항에서 마중 나온 사람을 만나는 것도, 심지어 큰 수양회에 참석하는 것도 아닙니다. 그것들은 병참 및 전술적 필요입니다.

창세기 12:3에서 하나님께서는 아브라함에게 "땅의 모든 족속이 너를 인하여 복을 얻을 것이니라"고 약속하셨습니다. 이 일은 아직 일어나지 않았습니다. 우리의 임무는 이 일이 일어나는 것을 보기 위해 적과 싸우는 것입니다. 하나님의 계획은 곧 성취될 것입니다. 그러나 하나님께서는 이 계획이 기도를 통해 성취되도록 하셨습니다.

현재 이 지구 상에는 약 70억의 사람들이 살고 있습니다. 대부분의 사람들은 아직도 복음을 받아들이지 않고 있습니다. 당신은 최근 이들을 향한 하나님의 계획이 성취되도록 기도한 적이 있습니까? 당신은 하나님께서 그 강한 자 곧 사탄을 결박하시도록 기도하며, 또 십자가 상에서의 그리스도의 승리를 주장하고 있습니까?

예수님께서는 추수할 것은 많되 일꾼은 적다고 말씀하셨습니다(마태복음 9:37). 주님께서는 우리에게, 추수하는 주인에게 청하여 추수할 일꾼들을 보내어 달라고 기도하라 하셨습니다(38절). 전쟁의 핵심은 일자리가 없다든지 병중에 있다든지 하는 문제들을 해결하는 데에 있지 않습니다. 물론 이런 문제들 역시 영적 전쟁을 수행하는 데 있어 필히 해결해야 할 병참 사항들입니다. 그런 문제들을 위해서는 기도해서는 안 된다고 말씀드리고 있는 것이 아닙니다. 하나님께서는 병원에 있는 우리의 친구를 아시며, 일자리가 없는 사람들을 알고 계십니다. 그러나 그들을 향한 하나님의 태도는 엘리사가 여호람에게 한 말에 잘 나타나 있습니다. "이 것은 여호와 보시기에 오히려 작은 일이라." 그러한 일들은 병참 사항들입니다. 이제 우리의 눈은 병참 사항에 매여 있을 것이 아니라 그 너머를 볼 줄 알아야 합니다. 하나님께서는 여호람에게 모압을 그의 손에 붙이시겠다고 하셨습니다. 하나님께서는 또한 우리의 손에 우리의 대적 사탄을 붙이실 것입니다.

내가 당신에게 도전하는 바는 이렇습니다. 병원에 있는 당신의 친구를 위해 계속 기도하십시오. 일자리가 필요한 친구를 위해 계속 기도하십시오. 그러나 이것들은 주님 보시기에 가벼운 일들임을 기억하십시오. 하나님께서 당신을 진정한 싸움이 한창 전개되고 있는 전장(戰場) 속으로 보내 주시도록 기도하십시오. 하나님께서 당신을 보이지 않는 적과의 싸움을 위해 준비시켜 주시도록 기도하십시오. 그 다음, 당신의 기도 생활을 하나님의 궁극적 목표인 영적 전쟁터로 옮겨 가십시오. 그리고 하나님께서 모압을 당신의 손에 붙이시기를 기대하십시오.

적용

1. 당신은 자신의 필요를 위해 기도하는 일에 매일 얼마나 많은 시간과 노력을 들이고 있습니까? 친구들의 다급한 필요를 위해서는? 하나님 나라의 병참적 필요를 위해서는? 전술적 필요를 위해서는? 전략적 필요를 위해서는? 자신의 기도 생활을 평가해 보십시오.

2. 자신과 주위 사람들의 병참적 필요를 위한 기도 제목과 전술적 필요를 위한 기도 제목, 그리고 전략적 필요를 위한 기도 제목을 찾고 기도하십시오.

3. 우리는 왜 전략적 필요를 위해 기도해야 합니까? 하나님 나라를 위한 싸움에서 우리의 임무는 무엇이며, 어떻게 그것을 수행하고 있습니까?

4. 이 글을 통해 당신의 기도 방법, 임무, 대인 관계에 어떤 변화가 필요하다고 생각되었습니까? 이를 적용하기 위한 구체적인 방안을 기록하여 보십시오.

우리의 싸우는 병기는
육체에 속한 것이 아니요,
오직 하나님 앞에서
견고한 진을 파하는 강력이라.
모든 이론을 파하며
하나님 아는 것을 대적하여
높아진 것을 다 파하고
모든 생각을 사로잡아
그리스도에게 복종케 하니.
고린도후서 10:4-5

* 네비게이토 소책자 시리즈 *

1. 성경암송을 통하여 주님께로 돌아오다 ·················· 도슨 트로트맨
2. 시대의 요청 ·· 도슨 트로트맨
3. 재생산을 위한 출생 ··· 도슨 트로트맨
4. 수레바퀴 예화 ·· 네비게이토
5. 일대일 사역 ··· 잭 그리핀

6. 제자의 특징 ··· 론 쎄니
7. 하나님의 뜻을 아는 법 ·· 러쓰 존스톤
8. 기도의 하루를 보내는 방법 ······································ 론 쎄니
9. 기도 응답을 받는 방법 ···································· 제리 브릿지즈
10. 경건한 여인 ··· 라일라 스팍스

11. 전도를 즐기는 삶 (영문판: A Life That Enjoys Evangelism) ······ 하진승
12. 섬김을 위한 부르심 ··· 레이 호
13. 정 직 ··· 헬렌 애쉬커
14. 그리스도를 닮아감 ··· 짐 화이트
15. 최후의 승리를 얻기까지 ··································· 월터 헨릭슨

16. 전도의 열정 ··· 로버트 콜만
17. 영적인 의지력 ·· 제리 브릿지즈
18. 사고방식의 변화 ··· 조지 산체스
19. 대인 관계의 성서적 지침 ··································· 조지 산체스
20. 말씀의 손 예화 ·· 네비게이토

21. 열 심 (영문판: ZEAL) ·· 하진승
22. 원만한 결혼 생활 ······································ 잭 & 캐롤 메이홀
23. 조지 뮐러 ··· A.심즈
24. 말씀 중심의 삶 ··· 하진승
25. 주제별 성경 암송 제1권 ·· 네비게이토

26. 주제별 성경 암송 제2권 ·· 네비게이토
27. 주제별 성경 암송 제3권 ·· 네비게이토
28. 서로 돌아보아 ·· 하진승
29. 양 육 ··· 네비게이토
30. 경건이란 무엇인가 ·· 제리 브릿지즈

31. 권위와 복종 ·· 론 쎄니
32. 고난 중 도우시는 하나님 ································· 샌디 에드먼슨
33. 기도의 특권을 누리자 ··· 하진승
34. 은혜로운 말 ·· 캐롤 메이홀
35. 하나님을 의뢰함 ·· 제리 브릿지즈

36. 친밀한 부부 관계의 원리 ·································· 짐 & 제리 화이트
37. 배우는 자로 살자 (영문판: Live as a Learner) ···················· 하진승
38. 합력하여 선을 이루시는 하나님 ·························· 리처드 크렌즈
39. 고난 중의 소망 ·· 덕 스팍스
40. 청년의 시기를 어떻게 보낼 것인가 (영문판: How to Live Out Our Youth) ··· 하진승

✳ 네비게이토 소책자 시리즈 ✳

41. 약속을 주장하는 삶 ··· 덕 스팍스
42. 경건의 시간을 갖는 법 ································· 워렌 & 룻 마이어즈
43. 개인의 중요성 ·· 론 쎄니
44. 헌신 ··· 로버트 보드만
45. 내가 배운 교훈들 ··· 오스왈드 샌더스

46. 하나님의 말씀은 ··· 하진승
47. 현숙한 여인 ·· 신시아 힐드
48. 어떻게 친구를 사귈 것인가 ······························ 제리 & 메리 화이트
49. 외로움을 느낄 때 ··································· 엘리자베스 엘리엇
50. 하나님께서는 당신의 직업을 귀히 여기신다 ··········· 셔먼 & 헨드릭스

51. 자녀의 자부심을 키워 주는 법 ················· 게리 스몰리 & 존 트렌트
52. 직장 생활에서 낙심될 때 ··· 덕 셔먼
53. 스트레스를 다루는 법 ··· 단 워릭
54. 서로 의견이 엇갈릴 때 ······································· 잭 & 캐롤 메이홀
55. 그리스도인의 삶의 올바른 동기 ···································· 하진승

56. 나를 기뻐하시며 사랑하시는 하나님 ·························· 룻 마이어즈
57. 제자삼는 삶의 동기력 ·· 짐 화이트
58. 기도 - 보이지 않는 적과의 싸움 ································· 제리 브릿지즈
59. 효과적인 간증 ··· 데이브 도슨
60. 감격하며 살아야 할 그리스도인 ······································· 하진승

61. 믿음의 경주 ··· 잭슨 양
62. 사도 바울의 영적 지도력 ·· 오스왈드 샌더스
63. CARE (서로 보살피는 부부) ··· 하진승
64. 참 특이한 기도 (PPP: Pretty Peculiar Prayers) ················ 하진승
65. 모세의 순종 ·· 웡킴톡

66. 상급으로 주신 자녀 ··· 하진승
67. 하나님께서 쓰시는 사람 ··· 월터 헨릭슨
68. 기도의 본 ··· 워렌 & 룻 마이어즈
69. 다윗의 한 가지 소원 ··· 조이스 터너
70. 생명을 구하는 삶 ··································· 피터슨 & 드렐켈드

71. 순종의 축복 ··· 마르다 대처
72. 참 좋으신 하나님 아버지 ··· 리로이 아임스
73. 하늘에 보물을 쌓는 삶 ·· 잭 메이홀
74. 거룩: 하나님께 성별된 삶 ··· 헬렌 애쉬커
75. 가정의 중요성 (영문판: Importance of Home & Family) ····· 하진승

76. 날마다 제 십자가를 지고 (영문판: Taking Up the Cross Daily) ····· 하진승
77. 제자의 올바른 태도 ·· 론 쎄니
78. 주님의 부르심을 따라가는 삶 ·· 하진승
79. 견고하게 평생 지속해야 할 일 ·· 하진승

기도 – 보이지 않는 적과의 싸움

1996년 9월 20일 초판 1쇄 발행
2012년 11월 20일 개정 1쇄 발행
2024년 9월 10일 개정 4쇄 발행

펴낸곳: 네비게이토 출판사 ⓒ
주소: 03784 서울시 서대문구 연희로 16 (창천동)
전화: 334-3305(대표), 334-3037(주문), FAX: 334-3119
홈페이지: http://navpress.co.kr
출판등록: 제10-111호(1973년 3월 12일)
ISBN 978-89-375-0443-3 02230

본 출판사의 서면 허락 없이는 본서의 전부 또는
일부의 무단 복제, 또는 원문에 대한 무단 번역을 금합니다.